의자와 계단

김춘수 시집

의자와 계단

문학세계사

책머리에

 의자는 사람이 엉덩이를 놓는 도구다. 그것은 일종의 안식을 표상하는 기호가 된다. 의자에 엉덩이를 놓으면 푸근해지는가? 더욱 초조해지는 일은 없을까? 있으리라. 그(의자)가 갑자기 나를 밀어내고 자기를 그렇게 대접하지 말라고 한다. 자기는 한갓 도구가 아니라고 한다. 그렇다면 그(의자)는 무엇일까? 그는 스스로를 무엇을 표상하는 기호가 아니라 무엇 그 자체라고 한다. 말하자면 그는 안식 그것이다. 그러나 이 세상에는 그런 것은 없다. 그러니까 그 자리(의자)는 늘 비어 있다. 누군가를 기다리는 자세로 비어 있다. 나는 왜 이런 따위 배배 꼬인 말들을 늘어놓고 있는가? 내 속이 한시도 반반하게(편안하게) 펴진 날이 없었으니 어쩌겠는가?

 이 세상에 의자는 없다고 하자. 누가 나를 기다리고 있고 나는 거기 가서 내 엉덩이를 놓고 싶고 나는 한 번 푸근해지고 싶은데 말이다. 그러나 하는 수 없다. 나는 지금 의자가 없는 세상에 살고 있다.

 계단도 그렇다. 제아무리 올라간다 해도 계단에는 한계

가 있다. 다시 또 내려와야 한다. 높은 곳은 낮은 곳의 상대개념이다. 어린애들도 다 알고 있는 이 이치를 그러나 나만이 까먹는다. 간혹 그런 일이 있다. 나는 지금 어디쯤 발을 디디고 있는가? 거기가 얼마만큼 위험한 지점인가? 균형 잃은 아슬아슬한 지점인가? 왜 나는 이런 따위 위기의식에 시달려야 하는가? 계단이란 어차피 중간 지점이 아닌가? 아파트만 해도 그렇다. 기껏 15층까지 가면 거기가 끝이다. 좀더 가고 싶으면 나는 발을 하늘에 내놓아야 한다. 하늘이란 아무데도 없는 곳을 뜻한다. 유토피아와 같다. 나는 15층에서 내려갈 수밖에는 없다. 결국은 땅바닥에 발을 디뎌야 한다. 나는 어릴 때 어디까지 올라가면 내가 보고 싶은 것이 보일까 하고 생각해본 일이 있다.

  계단도 그 무엇을 표상하는 하나의 기호일까?

*

  시집 『들림, 도스토예프스키』를 낸 이후 좀 편안한 자세를 가누기로 했다. 그동안 몸에 밴 것들이 자연스레 드러나도록 그때 그때 쓰고 싶은 대로 쓰기로 했다. 이름하여 「萬有寫生帖」이라고 했다. 이런 題下에 50여편의 시를 써서 경향의 여러 잡지에 싣게 했다. 그런데도 이 시집의 이름을 『의자와 계단』이라고 한 것은 위에서 말한 그런 내 근래의 심정을 독자들에게 알리고 싶었기 때문이다.

1999년 새해에
김 춘 수

김춘수 시집 *차례

책머리에 —— 5

I

놀 ——————— 15
사파타의 죽음 ————————— 16
저녁 —————————— 17
손 ——————— 18
후박나무 ————————— 19
여름풀 ————————— 20
멕시코 옥수수 ———————— 21
눈이 하나 ———————— 22
冊 ————— 23
의자 ————— 24
또 의자 ————— 25
깨풀 ————— 26
海底터널 지나면 ———————— 27
冊 ————— 28
사이버 스토리 ———————— 29

의·자·와·계·단

II

壺 —————— 33
움막, 곳간 —————— 34
長空萬里 —————— 36
작은 틈새기로도 —————— 37
박수가 되어 —————— 38
早春 —————— 39
새벽에 눈뜨고 보니 —————— 40
사이버의 눈 —————— 41
詩와 사람 —————— 42
日暮 —————— 43
毛澤東 —————— 44
대까치 —————— 45
눈 아래는 —————— 46
먼 들메나무 —————— 47
베레帽 —————— 48

녹녹한 아이 ——— 49
춤 ——— 50
金宗三 ——— 51
鳥瞰圖 ——— 52
책 속에는 ——— 53
계단 ——— 54
황아전 ——— 55
숲종다리 ——— 56
거지주머니 ——— 57
장의자가 있는 풍경 ——— 59

III

의자를 위한 바리에떼 ——— 63
계단을 위한 바리에떼 ——— 74

IV

제목이 없는 다섯 편의 짧은 시 ——— 85

V   시를 위한 산문

시인이 된다는 것 ——— 91
자유, 꿈 ——— 100

I

놀

 어느날, 70년 전의 어느 여름저녁입니다. 어머니가 장독간에 간장을 뜨러 갑니다. 어머니의 치마끝을 붙잡고 나도 아장아장 따라갑니다.
 어머니가 어떤 동작을 하다가 무심코 고개를 들어 서쪽 하늘을 바라봅니다. 나도 무심코 어머니의 시선을 따라 서쪽 하늘을 쳐다봅니다. 그쪽은 온통 놀로 물들어 있습니다.
 놀로 물든 하늘이 어머니의 볼을 적십니다. 어머니의 볼도 놀빛으로 볼그스름 물들어갑니다. 나는 또 그런 어머니의 볼을 눈을 똥그랗게 뜨고 하염없이 들여다봅니다. 그러자 내 눈의 꺼풀을 젖히고 예쁜 간장종지를 든 어머니가 샤갈의 그림에서처럼 내 눈 안으로 선뜻 들어옵니다. 그 뒤로 어머니는 소식이 묘연합니다.

사파타의 죽음

 사파타는 그런 함정이 자기를 기다리고 있다는 것을 전연 알지 못했다. 이상하다고 느꼈을 때는 이미 때가 늦어 있었다. 屋上과 窓口에서 비오듯 날아오는 총알은 그의 몸을 순식간에 벌집 쑤시듯 쑤셔놓았다. 白馬 한 필 눈앞을 스쳐갔다. 아무것도 생각할 틈이 없었다. 그 뒤에 일어난 일은 그의 알 바가 아니다. 그의 屍身은 말에 실려가 그의 동포들의 면전에 한 벌 누더기처럼 버려졌다. 「보아라, 사파타는 이렇게 죽는다!」

저 녁

 구르셴카 곁에 윗니 빠진 늙은 개가 엎드리고 있다. 잠만 잔다. 소냐 곁에는 어린 남매가 마주보며 떼꾼한 눈알을 굴리고 있다. 배가 고프다고,
 리자 할머니가 얕게 깔린 서쪽 야윈 하늘을 물끄러미 바라본다.

손

 책상 밑은 밤이다. 안쪽 다리의 모서리를 손이 하나 더듬적거린다. 뭘 빠뜨렸나? 서울의 하늘처럼 밤이 와도 책상 밑에는 별이 뜨지 않는다. 손등에서 정맥이 볼록볼록 숨을 쉰다. 그 소리가 들린다. 그러나 손은 이내 안쪽 다리의 모서리를 돌아나간 듯하다. 어둠이 그의 궤적을 지우려 한다.
 손은 분명히 손목에서 잘려 있었다. 손목에서 잘려나간 손은 지금쯤 어디를 더듬적거리며 헤매고 있을까?

후박나무

후박나무는 잎이 먼저 피고 꽃이 뒤를 따른다. 엷은 연두색의 어린 잎가를 또 하나 엷은 분홍의 막이 둘러싼다. 그 막이 조금씩 벗겨지면서 속잎이 고개를 들게 되면 그것은 흡사 꽃처럼 보인다. 하루 동안에도 몇차례 속잎은 자란다. 잎은 어른의 손바닥 두 개를 이어놓은 듯한 크기다.

지금 후박나무는 잎을 몇 개도 달고 있지 않다. 몇 개 남지 않은 잎들은 안으로 말려 오므라들고 파삭파삭한 흙빛이 돼 있다. 잎을 떨어뜨린 가지들이 검붉은 반점을 여기저기 드러내고 있다. 줄기의 위쪽이 더 심하다. 그런 몰골로 후박나무는 겨울을 기다리며 서 있다. 겨울이 무섭다.

여름풀

 네 잎 토끼풀이 있다고 한 아이가 나에게 그걸 보여줬다. 그걸 보고도 믿지 않을 수는 없었다. 나는 네 잎 토끼풀을 찾아나섰다. 사방이 어둑어둑해지고 갈라진 잎의 모양새가 잘 보이지 않을 때까지 찾아다녔으나 나는 끝내 그걸 찾아내지 못했다. 그런데도 그 아이는 또 하나 다른 네 잎 토끼풀을 찾아냈다.
 어디선가 말발굽소리가 나고 장정들의 고함소리가 들려왔다.

멕시코 옥수수

　일자무식 사파타는 알고 있다. 어머니의 품은 뜨뜻하고 아내의 가슴은 따뜻하다는 것을, 누이의 살결은 깨끗하고 옥수수죽은 배를 불려준다는 것을, 동포들이 닭 한 마리도 먹지 못하고 있는데 자기만 닭 한 마리를 먹는다면 그건 몸의 힘을 빼는 짓거리인 것을 일자무식 사파타는 알고 있다. 멕시코 옥수수가 어디서 자라며 언제 익는가를,

눈이 하나

골고다 언덕에는 해가 막 지려고 하고 있었다. 예수는 등에 지는 해를 따갑게 느끼고 있었다. 그때다. 또 한 번 옆구리와 손바닥에 통증이 왔다. 눈알이 튀어나올 듯한 아픔이다. 그의 한쪽 무릎은 조금 치켜올려지고(마음 속으로) 손이 그리로 내려가고 있었다. 아픈 곳은 무릎이 아닌데…… 그의 고개는 점점점 땅 쪽으로 떨어지고 있었다. 얼굴을 가까스로 받치고 있던 어깨로부터 갑자기 힘이 빠져갔다. 심한 갈증이 오고 온몸이 가렵다. 누가 이 가려움을 긁어줄까?

엘리엘리라마사박다니!

입언저리에 한순간 가벼운 경련이 스쳐갔다. 해는 막 지고 어둠이 밀려오고 있었다. 땅에서 열기가 식어가고 있었다. 그때다. 예수는 자기의 눈 앞이 자기를 가만히 바라보는 하나의 눈으로 온통 채워지고 있는 것을 보았다.

冊

 잘 휘인(새삼) 그녀의 허리가 생각난다. 너무 익어 까맣게 타버린 그 망개알이 생각난다. 높고도 드높아 있는 것 같지가 않던 그때의 가을 하늘이 생각난다. 기타 또 있는데 얼른 생각이 나지 않는다.

의 자

 그는 다리를 모두 꽃덤불에 묻고 허리 위만 내놓고 있었다. 바람이 몹시 부는 날이었다. 제비초리가 날리고 있었다. 허리 위만 내놓은 그는 공중에 조금 떠있었다. 어물어물하는 사이 그는 그만 새처럼 날아가 버렸다. 나는 끝내 그의 다리를 보지 못했다. 그 뒤로 나는 자꾸 어깨가 무거워졌다. 마치 넓적한 궁둥이 하나가 걸터앉은 듯한 그런 느낌이다.

또 의자

 의자를 소재로 시 한 편 쓰고 싶었다. 나는 의자를 찾아나섰다. 좀처럼 눈에 띄지 않았다. 저것이 의자인가 하고 가봤더니 그것은 ㅡㅣㅈㅏ, 앉았다 간 누군가의 궁둥이자국이었다. 이를테면 백년 전 안개 자오록한 한밤, 프라하 근교 보헤미아 분지의 시인 릴케네 집에 천사가 와서 차 한 잔 나누고 간,
 또 한 번 제비초리가 바람에 날린다.

깨 풀

 사전을 편다. 바다란 말이 눈에 띈다. 바다 한쪽에 굼벵이 모양을 한 곳이 있고 그 위에 손바닥만한 하늘이 떠 있다. 답답하다. 사전 밖으로 나가고 싶은 것은 그러나 바다만이 아닌 듯하다. 그 언저리 어느새 깨풀들이 모여 깨풀밭을 일군다. 그들은 제각기 뒤꼭지에 빨간 댕기 하나씩 달아본다. 바람을 일으키고 그늘을 친다. 깨풀밭이 팔랑거린다. 그러나 그들의 더 큰 꿈은 바다와 함께 언제나 사전 밖에 있다. 어쩌랴, 그들은 이미 사전의 피와 살이 되고 그들은 이미 깨풀이 되어 온몸에 조개껍질 모양의 꽃싸개를 달아버렸는데,

海底터널 지나면

해저터널 지나면 보늬 하얗게 벗긴 갯벌이 있고 다리가 긴 낯선 물새가 한 마리 어쩌다 꼿꼿이 서 있곤 했다. 尹伊桑의 오두막집이 그 어디 있었다. 목 쉰 듯한 첼로소리가 가끔 밖으로 새나곤 했다. 그 길을 줄곧 가면 (어쩐) 찔레꽃이 만발한 외갓집 훤한 안마당이 나온다. 대문을 열어젖히고 아래턱을 우물거리며 하마 누가 올까 마루 끝에 걸터앉은 외할머니의 곱살한 앞모습이 코빼기만큼 그러나 멀리서도 잘 보인다. 낮달이 어디론가 가고 있다.

冊

 우물에는 하늘이 떨어져 있었다. 종잇장 같은 희디흰 하늘이다. 우물을 칠 때 제일 가슴 아팠던 것은 그 하늘이 깨져서 없어져버린 일이었다. 자라가 산다는 소문은 거짓말이었다. 물을 다 퍼도 자라는 나타나지 않았다. 먼 길을 누가 하염없이 가고 있었다. 길가 풀섶에서 찌 찌 찌 벌레가 울기도 했다. 엄마야 누나야 이사가자, 키 큰 무지렁 나무 그늘 아래로, 내 귀에는 왠지 그렇게만 들렸다. 한참 뒤에 스페인의 古都 화가 엘 그레꼬가 살았다는 집 뒤뜰에서도 핼쑥한 얼굴의 갈잎 하나가 누이야 누이야 햇살 부신 저 에풀러 강변으로 이사가자, 고 술렁거리는 것을 나는 보았다.

사이버 스토리

 자전거를 타본 이라면 알리라. 자전거를 타면 궁둥이가 (절로) 춤을 춘다. 올라갔다 내려갔다. 그것은 어떤 리듬일게다. 집도 나무도 길도 사방이 다 덩달아 춤을 춘다. 지나가는 개까지 그런다. 누군가, 잘 휜 눈썹의 가파른 능선을 달리는 기분이 되기도 한다. 능선 너머(호수 저쪽에) 여름이라 크고 서늘한 눈이 하나 언뜻 보인다. 옛날에 자전거를 타본 이라면 잊지 못하리라. 臀皮 까진 건 알지도 못하고 말이다. 그건 머나먼 뒤쪽이니까.

II

壺

아무것도 가진 게 없어
아무것도 드리지 못해요.
보시다시피 전 앉은뱅이라
몸을 쓰지도 못해요.
마음뿐인걸요.
오늘 아침은 뺨에 새삼
계안창만한 어룽 하나가 피어나네요.
수줍은 듯 누군가의
막 난 智齒를 보는 듯해요.
보여드릴게요.
이쪽을 봐요.
굽어봐요.
이런 것 왼 아무것도 전 드리지 못해요.
목이 긴 마리아 성모님, 눈웃음으로
절 한 번 웃어줘요.
전 그게 꼭 보고 싶어요.

움막, 곳간

穴
움막(宀)이 여덟(八)
옥편을 보면 cellarhovel
곳간
왜 움막이 됐다가 곳간이 됐다가 하나
움막일 때는 여덟 채
수평으로 나란히 퍼졌는가
수직으로 포개져 높이 솟았는가는
말이 없다.
왜 싸잡아 그것들을 구멍이라고 할까,
구멍이 없기 때문일까,
나는 오래도록
77년간이나 길을 걷다가 어느날 문득 보았다.
길가에 있는 그것들은 어느것도
구멍이 아니더라.
구멍이 아닌 그것들을 보았노라. 그렇다면
그것들은 움막일까 곳간일까,
아니다.

발이 쑥 한 번 빠진 뒤에는
발은 없어졌다. 구멍과 함께
없어진 발의 행방을
나는 알고 있다.
나만이 알고 있다.
쑥 한 번 빠진 건 틀림없는 내 발이니까.

長空萬里

터널을 벗어난 기차가
꼬리 짤린 기적소리를 낸다.
한 번 더 낸다.
먼지 쓰고 목뼈 부러진 어떤 패랭이꽃
되 안 됐다는 듯
말끄러미 나를 본다. 거기가
그런 길섶이다.
누가 죽었나,
두건 쓰고 상여 메고
개미들이 부산하다. 하늘
드높은 곳에
앙꼬빵 소 같은 누가 두고 갔나
구름 한 점, 그새
너무 너무 새큼해진,

작은 틈새기로도
—— 第1番悲歌

균열진
작은 틈새기로도 해가 든다.
바람이 인다.
바위를 깨고 스며간 그 매미 울음소리*
지금은 너무 고요하다.
웃통 벗은
알몸인 내 가슴의 모든 나뭇잎으로
너를 위한
나는 그늘을 쳤다.
여름이여,
떠나가면서 너는 왜
나를 한 번 돌아보지도 않는가.

* 마쓰오 바쇼의 하이쿠는 '고요함이여 바위에 스미는 매미소리'
  로 되어 있다.

박수가 되어
—— 弟2番悲歌

내가 태어났을 때는
너는 이미 죽어 있었다.
태어나자마자 나는
눈썹이 세고 코피를 쏟았다.
열여섯 살이던가 일흔여섯 살이던가
아무데도 없는 어딘가 먼 바다 해 저무는 그런 곳을
나는 맨발로 가고 있었다.
소리내지 않는 목관악기, 멍하니
입을 벌리고 있었다.
蛇足도 있고, 누이를 닮은 자주꽃방망이꽃이
이를 앓고 있었다.
박수가 되어 나는
죽은 네 목소리를 내고 네 혼을 불러냈다.
내가 죽은 뒤에
네가 또 태어나리라.

早 春

양지바른 높다란 담장에 등을 붙이고 앉으면
스르르 눈이 감긴다. 오후 두시
그때다.
누가 와서 그의 염통에
주사침만한 바늘 하나 콱 꽂는다.
아 소리 한 번 지르고 피 실컷 쏟고
그는 숨이 멎는다.

새벽에 눈뜨고 보니

조그만 별이
조그만 눈을 깜박인다.
한 번씩 고개 돌려
뉘에게 말을 건넨다.
뉘일까,
꽃핀 늙은 배롱나무
안뜰 섬돌가에 그대로 서 있고
조모님이 아직도 앞머리에
서늘하고 훤한 가르마를 내고 계신다.

사이버의 눈

우리는 누구나 다 마당 한쪽에
남새밭을 가졌다.
장다리꽃 여럿
고개를 빳빳이 세우고 있다.
그 언저리
귀기가 날고 있다.
어디로 가 앉을까,
어느 꽃부리가 든든할까,
파눈 하나 얼굴을 내놓는다.
눈이 시다. 이윽고
달이 뜬다.
제 얼굴을 갉아대며 컹컹
겁먹은 개가 짖어댄다.
긴 망또를 걸친 누군가의 그림자가 와서
하나하나 시퀀스를 없애버릴 때까지,

詩와 사람

하늘은 없지만 하늘은 있다.
밑 빠진 독이
허리 추스르며 바라보는 하늘,
문지방 너머 그쪽에서
떼꾼한 눈알 굴리며 늙은 실솔이 바라보는
아득한 하늘,
그런 모양으로 시와 사람도
땅 위에 있다.

日 暮

바람이 뺨에 솨하다.
안경 낀 늙은 멘셰비끼처럼 생긴 가로등에
불이 온다.
불이 따뜻하다.
머리 빗고 누가
불이 있는 그쪽으로 가고 있다.
여황산* 긴 허리를 빠져나온 바다,
발을 담그고 있다. 집에는 가지 않고
턱이 뾰족한 아이,
하늘 가까이 작은 열매들 언뜻
빛나고 있다.

* 통영 서북쪽에 있는 산.

毛澤東

놀이 지고
산이 운다.
집으로 가나, 늙은 수퀑 한 마리
뒤뚱뒤뚱거린다.
예술의 전당 그런 곳에서
당신을 만난다.
루오 할아버지가 그린 예수의 얼굴처럼
언제 문드러졌나 당신 얼굴에도
코가 없다.

대까치

작은 바다 밑에는 더 작은 바다가 있다.
더 작은 바다 밑에는 바다가 없다.
아침에 작은 바다가 떠까치소리를 내면
저녁에 더 작은 바다는 한쪽 귀가 조금 나간
대까치소리를 낸다.
대까치는 그렇게 태어나자 얼른
어디론가 가버렸다.

지금은 어디 있나
대까치를 분만한 작디작은 바다,

눈 아래는

머리 위에는 선반
먼지가 부옇게 앉아 있었다.
눈 아래는 앉은뱅이 책상
몽당연필 한 자루
색지로 접은 학이 한 마리
학은 개나리꽃빛 노란 날개를
한껏 치켜들고 있었다. 해가 질 때까지,

먼 들메나무

슬픔은 슬픔이란 말에 씌워
숨차다.
슬픔은 언제 마음놓고
슬픔이 되나,
해가 지고 더딘 밤이 오면 간혹
슬픔은 별이 된다. 그새 허파의 바람도 빼고 귀도 씻으며
슬쩍슬쩍 몰래 늙어간
산모퉁이 키 머쓱한
그 나무,

베레帽

徐花潭의 머리에는
베레가 걸맞지 않는다.
炎天에 그늘이 없지 않는가,
開京三絶의 또 하나
知足禪師는 아침저녁 뭔가 머리에
올렸다 내렸다 하는데
諸行無常,
그는 늘 빡빡한 맨머리가 아니던가,
(비가 오면 어쩌나
해가 쨍쨍 쬐면 어쩌나)
徐花潭의 머리
굳굳하고 굳굳한 그
겨울참나무 같은 상투에다
베레 같은 건 이제 씌우지 말라,

녹녹한 아이

왜라고 묻지를 말 것,

풍차가 네덜란드에서
일흔여섯 바퀴를 돌다가 멎는다.
진눈깨비가 어린 양들의 등성이에서 빤짝인다고
케냐에 사는 한 아이가 그렇게 말했다고
그 아이를 북치는 소년이라고
金宗三이 말한 일이 있다.
꼭두새벽인데 별 하나가 어디론가 가버리고
딱정벌레와 보석은
아직 눈뜨지 않는다.

춤

거기가 어딜까,
말은 아직 태어나지도 않았는데
노래가 어인 일,
일어서다 앙금앙금 주저앉는 저것,
주저앉다 앙금앙금 일어서는 저것,

金宗三

라산스카,
그가 불러본 이름이다.
배꼽이 솔방울을 낳는
몹쓸 병을
그는 한때 앓기도 했다.
蛇足이나마
한 마디 할 말이 없을까 하고
눈에 띄는 대로 나는 얼른
발바닥만한 낙엽
이라고 했더니
그는 이미 그 오솔길을 저녁이내처럼 슬쩍
지나갔다고 한다.
친구가 사준 이탈리아제 키또구두를 신고,

鳥瞰圖

길이 세 가닥 나 있다.
길 한 가닥에는
아이스크림을 입에 문 여자아이들이 삼삼오오 가고 있다.
왁자지껄하다.
다른 두 가닥의 길에는 아무도 없다.
아니
한 가닥의 길에는
아물아물 강아지 한 마리가 가고 있다.
한쪽 다리를 들고 급히 일을 본다.
마디풀이 젖는다.
한 번 핥아보고 마디풀이
상을 찡그린다.
어디선가 돼지 불알 따는 소리 들리고
해가 진다.
남은 한 가닥의 길이 한껏 뻗은 다리를 오므린다.
싱겁다는 듯이,

책 속에는

책 속에는 길이 없다.
덤불이 있고
엉경퀴꽃이 고개를 떨구고 있다.
자주빛 그늘이 진다.
지금이 낮인가 밤인가
바다가 옷을 벗는데
책 속에는 아무도 없다. 몹시 서운하다.
그런가 하면
안개가 조금 걷히고 후미진 港口가 하나
스스로운 듯 가랭이를
반쯤이나 아직도 검질기게 오므리고 있다.
책 속에는 길도 없는데
코끼리가 한 마리 가고 있다.
너무 작아 보일듯 보일듯 가고 있다.
언젠가 그쯤에 껴둔 은종이, 지금 보니
코끼리는 발바닥도 은회색이다.
오련한,

계 단

거기 중간쯤 어디서
귀뚜라미가 실솔이 되는 것을 보았다.
부르르 수염이 떨고 있었다.
그때가 물론 가을이다.
끄트머리 계단 하나가 하늘에 가 있었다.

황아전

어릴때 본 갓신이 없다.
어릴때 본 갑사댕기도 없다.
죽음이 이젠 주검이 되어
물기 빠진 얼굴이 조막만하다.
살갗이 가지빛이다. 그런데
체인 코코스는 메뉴가 꽃밭처럼 화려하다.
대낮이다.
햇살이 햇살 보고 히죽이 웃는다. 그런데
갑자기 그늘이 지고 공원에 다람쥐가 보이지 않는다.
도토리나무 키가 머쓱하다.
한바(飯場)*의 벽은 바끔한 틈도 없는
빈대의 핏자국이다. 그런데 그날밤
키 작은 넋이 하나
키 작은 사철나무 어깨 위에 내렸다.
거기가 어딜까,
날이 샜는데 아침이 오지 않는다.

* 日帝때의 노무자들 합숙소.

숲종다리

열세 살인데 왜 죽어야 했나,
스물두 살에 왜 죽어야 했나,
일흔일곱 살인데도 왜 죽어야 하나,
여황산 기슭을 돌아 할머니 몰래 오늘 아침
왜 예까지 왔나,
꽁지 거슬한 늙은 저 숲종다리.

거지주머니*

나는 왜 그런 데에 가 있었을까,
목이 잘룩한
오디새같이 생긴 잉크병 속에
나는 들어가 있었다.
너무 너무 슬펐는데
사람들은 나를 웃고 있었다.
꿈에 신발 한짝이 없어졌다.
없어진 신발 한짝을 찾는 동안
기차는 떠났다.
잠을 깨고도 눈앞이 썰렁했다.
며칠 뒤에 내가 優美館**에서 본 것은
분명 그런 줄거리의 신파극이다.
입이 씁슬했다.
나는 한때 一錢짜리 우표였다.
가슴이 벅찼다.
어디로 갈까 어디로 갈까 하다가
해는 지고
나는 그만 거기 주저앉고 말았지만,

조카녀석은 죽어서 二錢짜리 우표가 됐다. 단숨에 멀리 오르도스까지 가버렸다.

 * 주머니처럼 생긴 기형적 과일.
** 종로 2가 청계천변에 있었던 극장.

장의자가 있는 풍경

하늘은 갈매빛이다.
누가 반듯이 눕는다.
그런 모양으로 그는 숨이 멎는다.
그것은 엊그저께의 일인데
오늘 아침은 햇서리가 내리고
풋감 하나 툭하고 떨어진다. 어디서
때까치가 와서 물고 간다.
그런 흔적이 역력하다.
그 위에 갈매빛 하늘이 엷게 놓인다.
아무일도 없었다는 듯이
혹은 무슨 일이 있었다는 듯이,

III

의자를 위한 바리에떼

누가 나를 부른다.
돌아보면 너무나 아득하다.
내 키만한 수렁이 있고
그 언저리는 언제나 봄이다.
게가 한 마리 거품을 물고 있고
키 큰 오동나무가 아물아물 꼭대기에 하늘빛 꽃을
달고 있다.
낮달이 나를 자꾸 따라온다.
나를 누가 기다리고 있다고.

*

　한밤에 잠을 깬다. 거실로 나와 불을 켜고 소파에 앉는다. 앞을 본다. 선반 위에 수반이 있다. 자갈이 하얗게 깔렸다. 짙은 쥐빛의 작은 돌이 하나 놓였다.
　돌은 혼자서 한숨을 쉬었다가 뭔가 혼잣말을 시부렁거린다. 그런가 하면 갑자기 입을 다물어 버린다. 표정이 싸늘해진다. 누군가의 옆얼굴을 닮았는데 그가 얼른 생각나지 않는다. 불을 끄고 방으로 들면서 또 한 번 그쪽을 본다. 돌의 표정은 지워지고 돌이 있다는 윤곽만 희미하다. 그러나 그 윤곽은 하나의 표정이 되고 있다. 돌아앉은 먼 산의 앉음새다. 무겁게 가라앉았다. 소파에 놔둔 내 몸의 무게일까.

 예수가 숨이 끊어질 따 천둥은 치지 않고 느티나무 큰 가지도 부러지지 않았다. 골고다 언덕에는 느티나무가 없다. 해는 너무 닳아서 흰빛을 내고 있었다. 예루살렘의 하늘에 그날밤 늦도록 무지개가 서지도 않았다. 다만 갈릴리 호숫가의 뜨거운 햇살이 작은 풀꽃(아만드꽃이라고 했던가,) 몇포기 서쪽을 바라고 시들게 했다. 그 움푹 파인 언저리, 지금은 너무 고요하다.

*

　헤르몬산은 해발 일만 척, 꼭대기는 세 개의 봉우리로 갈라져 있다. 연중 눈이 녹지 않는다. 남쪽으로 백리쯤 떨어진 곳에 갈릴리의 호수가 색지를 오려붙인 듯한 짙은 쪽빛을 하고 누워 있다.
　요단강을 건너서 그 사람은 언제 올까, 헤르몬산은 그러나 말이 없다. 그만한 높이로 언제까지나 그는 갈릴리의 호수를 그 물빛을 저만치 내려다보고만 있다.

*

우리는 어디로 가야 하나,
죽어서 나비가 된 옥수나에게 물어본다.
옥수나는 어릴적 내 소꿉질 친구,
대낮인데 공지초롱을 들리고
연못가 수련꽃 그늘을 지금도 가고 있다.
슬픔은 키가 작아
바람부는 날 더욱 작게 몸을 웅그린다.

*

　루오 할아버지가「교외의 예수」를 그리고 있다. 교외라고 했지만 현대 파리의 그것인지 고대 예루살렘의 그것인지 아련하다. 하늘은 눈감은 잿빛이다. 나무는 잎이 다 졌는지 화면 밖으로 나가 있다. 예수는 커다랗게 정면에 배치되었고 좌우에 두 사람의 인물을 조그맣게 세워놓았다. 베드로나 요한, 혹은 야곱인지도 모른다. 세 사람이 다 이목구비가 없다. 풍화된 듯 민숭민숭한데 예수만 왠지 얼굴 테두리가 훤하다. 루오 할아버지는 그쯤에서 한숨을 쉬며 주저앉는다.

*

새벽 두시
겨울바다가 우는 소리를 듣는다.
어둠의 한쪽이 조금 열리고
눈이 내린다.
앉은 내 어깨 위로,

*

 약속시간 십분이 지났다. 무슨 사정이 있겠지, 삼십분이 지났다. 사정이 있어 늦는 게지, 드디어 한 시간이 지났다. 할 수 없이 자리를 뜬다. 다음 또 기회가 있겠지, 아무렴! 그렇다 해도 전화는 한 통 해 줄 수도 있었겠는데 말야,
 시들시들한 꽃이 댓송이 제각기 딴전을 보고 있었다. 저만치,

*

　통영의 봄은 바다에서 와서 바다 너머로 가버린다. 한려수도를 건너서 불어 오는 바람은 진달래꽃빛을 하고 느릅나무 어린 잎들을 흔들어준다. 바람이 모발을 소금기로 부드럽게 해주고 송진냄새를 한길이나 골목에도 흩뿌리게 되면 계절은 어깨가 수양버들처럼 축 늘어진다. 숭어 납새미 짚신게가 하나씩 상머리에서 사라지고 사람들은 어느새 옆구리가 물컹물컹해진다.

*

  요한 바오로 이세는 딴딴해 보인다. 광대뼈가 조금 도톰한 듯한 인상이고 은발은 윤이 난다. 턱이 잘 발달되어 그의 의지력이 거기에 특히 응결되어 있는 듯하다. 그의 표정은 그 볼그스름 물든 볼처럼 깨끗하다. 간혹 스치는 눈언저리의 그늘은 오히려 유리처럼 차고 투명하다.
  그가 한국의 예술가들에게 보내는 메시지를 읽어가는 동안 단상의 소파 하나가 지긋이 눈을 감는다.

*

 잼은 자마이카의 약어다. 약어는 약어지만 어딘가 생략하고는 자마이카까지는 가지 못한다. 자마이카까지는 길이 있다 해도 그 길을 가고 또 간다 해도 자마이카까지는 가지 못한다.
 잼은 숨이 차다. 음절이 셋뿐이다. 그것으론 대서양을 건너지 못한다.

계단을 위한 바리에떼

 예수의 목에는 「유태의 왕」이라고 쓰인 호패가 차여져 있다.
 골고다 언덕의 좁은 꼬부라진 길바닥은 당나귀의 분뇨로 범벅이 돼있다. 경사진 오르막도 있다. 피와 땀이 온몸을 짓이기고 흙먼지가 눈을 뜨지 못하게 한다. 짊어진 십자가는 무게가 75kg이나 된다. 힘에 부대껴 쓰러지면 그때마다 누군가가 침을 뱉고 돌을 던진다. 이윽고 느린 박자로 해가 기운다. 멀리 골란 고원을 저녁이내가 스쳐간다. 이내는 땅 위에 발자국을 남기지 않는다. 발이 없으니까.

*

깨묵발을 쪼으며 또 쪼으며
어디까지 갔으면 小米만큼 보였을까,
거기가 벚나무 그늘이었다면
거기가 수련꽃 그늘
당산 밑 연못이었다면
내 어릴적 아주 옛날에 그까짓
속절없이 바람비에 실려갔으리,

*

　라인홀드 니버라는 아이가 있었다. 하루는 녀석이 밤을 까먹다가 싱글벙글 웃는 낯으로 다가오더니 다짜고짜 내 입에다 밤 한 톨을 물린다. 입안이 들쩍지근하다. 얼른 뱉았다. 그러자 녀석은 내 호주머니에 밤 몇 톨을 쑤셔넣는다. 집에 가서 꺼내보니 껍질에 설탕가루가 묻어 있고 알은 다 썩어 있다. 다음날 녀석을 만나면 밤을 도로 돌려줄 생각이었다. 입안에다 한 톨만 물려줄까. 그러나 다음날 녀석을 보자 나는 왠지 손이 나가지지가 않았다. 녀석은 눈을 가늘게 뜨고 싱글벙글 웃고 있다. 광대뼈는 어제보다 더 불거져나온 듯했고 눈은 자꾸 가늘어지더니 나중에는 아예 감겨지고 말았다. 그런데도 얼굴 전체는 싱글벙글 웃고만 있다. 라인홀드 니버라는 아이는 뒤에 유명한 신학자가 되었다.

*

　원장(유치원의) 선생님은 호주에서 온 선교사다. 이층 복도에서 유리창을 열어젖힌 채 앞뒤로 잘 흔들리는 커다란 나무의자에 몸을 묻고 있다. 책을 읽고 있다. 그는 언제나 겨드랑이에 꺼풀이 검은 책을 끼고 다닌다. 지금은 그 책을 읽고 있나보다.
　그를 길거리에서 만난 일이 있다. 그는 고개를 세워 앞만 보고 걷고 있었다. 키에 비하여 얼굴이 너무 작아 남의 것을 어디서 잠깐 빌리지 않았나 싶었다. 인사를 하려다 멈칫했다. 몇걸음 앞에서 그의 구둣발을 봤기 때문이다. 그렇게 큰 발도 있을까, 그것은 하나의 발견이었다. 그것이 우스워서 인사를 못 했다.
　유치원 곁에 그의 사택이 있다. 붉은 벽돌의 이층집이다. 담쟁이가 사방에 넌출을 치고 있다. 그 사이로 반질한 참나무계단이 가지런히 놓여져 있다. 꿈에 나는 그 계단을 밟아본다.

*

　아치형의 작은 문이 안쪽에 따로 또 있고
　귀뚜라미가 울고 있고
　훨씬 위쪽에는 하루 온종일 바람개비가 멎지 않고
있었다.

*

낙엽들이 길섶에 슬린다.
햇살이 햇살의 웅덩이를 만든다.
여기 저기,
잎 떨군 나무들
키가 더 커지고
조금은 어쩔 줄을 몰라한다.
너무 먼 하늘이
귀에 쟁쟁하다. 그
목 잘린 무쇠두멍,

*

엽총을 꼬느며
누가 나를 쫓는다. 곁에 앉은
누군가의 무릎과 무릎 사이 아득한 틈새로
거기가 어딘지도 모르면서 나는 얼른
머릴 처박는다.
사막에서 얼떨결에 가끔 타조가 그러하듯
엉덩이는 어디쯤 한데에 실컷 까놓고,

*

한 아이가 가고 있다.
길이 삐딱하다.
모과 떨어지는 것이 보인다.
모과는 물론 모과빛이다.
가을이라 그럴까,
소리가 나지 않는다.
아득하다. 13층에서
누가 덥석 길을 뽑아들고 가버린다.

IV

제목이 없는 다섯 편의 짧은 시

그 하나

뜨지 않는 눈이 있어
반딧불이 된,

그 둘

달도 말고 별도 말고
해 지면 슬금슬금
뒷집 영감 불알이나 따러 가세,

그 셋

우루무치는 내 동생
누루무치도 내 동생
한 놈은 쩔룸발이

한 놈도 쩔름발이
왜 두 놈이 다 쩔룩거려야 하나,
한 놈만 쩔룩거리면 안 될까,

그 넷

땅이 꺼지고 (그쯤에서)
발가락이 꼬이고
더는 가지 못하는
어느새 耳目도 한쪽으로 짜부라진
누군가
태초에 그런 離別이 있었다.

그 다섯

거꾸로는 눕지 말라고 했는데

머리를 구들목에 두고
다리는 문쪽으로 길게 뻗고 있다.
새벽 네시,
문지방 너머 그쪽에서
귀뚜라미 한 마리 소리를 죽이고 있다.

V

시를 위한 산문

시인이 된다는 것

나는 창피스럽게도 일본어세대에 속한다. 그러나 내가 일본어세대에 속하게 된 것은 전연 내 의지가 아니다. 나로서는 무슨 영문인지도 모르면서 그렇게 되었다. 생각할수록 창피스럽다.

중학 3학년까지 조선어 시간이 있었다. 주에 한 시간 정도가 아니었던가 한다. 4학년이 되자 그 한 시간마저 없애고 日帝는 국어(일본어) 常用을 강요했다. 학교에서는 절대로 조선어를 못쓰게 했고, 국어(일본어)로 일기를 써서 매주일 담임의 검열을 받게 했다. 쓸 것도 없는데 매일 일기를 쓴다는 것이 귀찮고 짜증스러웠다.

그 무렵 나는 어쩐지 일본인에 대해서는 늘 일정한 거리감을 떨쳐버리지 못했다. 그 거리감은 시간이 가도 좁혀지지 않았다. 그들에게서는 그들만의 냄새가 난다. 역한 냄새. 그들의 집에 가게 되면 벽에 그 냄새가 스며있어 비위를 거슬리게 한다. 그리고 그들이 하는 언동이 왠지 좀스럽게만 보였다. 이런 따위 그들에 대한 감정은

중학 5학년 늦가을에 졸업을 서너달 앞두고 드디어 폭발하고야 말았다. 별일도 아닌 일에, 오직 일본인 담임이 보기 싫어서 그의 면전에 내던지듯 자퇴서를 내고 도쿄로 건너갔다. 소년 객기라고도 하겠으나 나에게는 해묵은 응어리가 있었다.

도쿄라는 거대한 도시는 그들 일본인들의 냄새로 그득했다. 그 역한 냄새 때문인지 도쿄와 나는 좀처럼 친해지지 않았다. 대학에서도 일본인 동창들과는 일정한 거리를 두고 대했다. 서먹서먹했다. 4년 가까이를 다녔지만 일본인 동창과는 끝내 한 사람의 친구도 사귀지 못했다. 하숙을 하면서도 벽에서 나는 예의 그 역한 냄새 때문에 고생하곤 했다.

그래서 그런 것은 아니지만 나는 예술대학의 창작과를 다니면서 습작을 조선어로 했다. 그 까닭을 지금도 나는 잘 모른다. 국어(일본어)가 조선어보다 훨씬 더 익숙해져 있었을 때인데도 그랬다. 나보다 한 세대나 더 선배인 靑馬 같은 이도 해방이 된 뒤까지 한동안 일본어로 발상을 먼저 했다가 나중에 우리말로 옮기는 일이 간혹 있다는 술회를 한 일이 있었다. 그런데 나는 일제때에도 그렇지가 않았었다. 아주 치졸한 우리말인데도 우리말로 발상을 하고 한글로 썼다. 철자도 엉망이었는데 그랬었다.

나는 대학 3학년 겨울에 졸업을 눈앞에 두고 어떤 사

건에 연루되어 요코하마 헌병대에서 취조를 받았다. 그 때 내가 하숙에 두고온 원고(습작)뭉치를 압수당하고 돌려받지 못했다. 그 양이 상당한데 가지고 있었다면 나로서는 기념이 되었으리라. 그 중의 몇편은 이미 京城의 신문 학예란(지금의 문화란)에 투고해서 발표가 되기도 했다. 그 사실만 기억할 뿐 그때의 작품들은 그 題名조차 다 잊어먹었다. 가마아득한 옛날이다. 나의 습작기 중에서도 초기에 속한다. 스물한두어 살 때의 일이다. 보나마나 싱겁기 이를데 없는 작품이라고도 하기가 어색한 그런 것들임에 틀림없으리라.

학교를 퇴학당하고 不逞鮮人으로 일본 본토에서 추방된 것이 43년이다. 학도병으로 군입대는 면했으나 징용이 두려워서 45년 여름의 해방까지 두더지생활을 해야 했다. 그동안은 신변의 불안 때문에 문학을 생각할 여지가 없었다. 사태가 각박해지면 문학과 같은 정신활동은 그 기능이 마비된다는 사실을 나는 경험한 셈이다. 실은 이런 따위 현상은 얼마 전에 반년의 囹圄생활에서 이미 짐작은 하고 있었다. 그것을 재확인한 셈이다. 나의 제2의 습작기는 8·15해방과 함께 왔다.

45년 가을에 나는 고향인 통영으로 건너갔다. 만주에서 귀향한 시인 유치환 씨를 비롯해서 음악도(작곡) 윤이상, 정윤주, 화가 전혁림, 극작가 박재성, 김용기 제 씨와 〈통영문화협회〉라는 문화단체를 만들어 문화계몽

운동을 한 일이 있다. 한 2년 남짓 계속되었을까? 그러는 동안에 인근 부산 마산 진주 등지의 문인 예술가들과 교류의 다리가 놓아져 그때 부산에서 염주용(소설가) 씨가 내고 있던 《예술신문》(주간)과 진주에서 설창수 씨가 내고 있던 《嶺文》이란 문학지에 시를 몇편씩 싣게 되었다. 그것이 46년 무렵이다. 46년 여름 해방 1주년 기념을 겸해서 부산에서 〈청년문학가협회〉 경남지부가 결성되었다. 그때 알게 된 마산의 김수돈, 조향 양씨와 《로만파》라는 시동인지를 내자는 약속을 했다. 그 약속이 열매를 맺어 그해 연말에 시동인지 《로만파》의 창간호가 나왔다. 조향은 그 무렵에는 전통적인 서정시를 쓰고 있었다. 수돈이 오히려 모던한 터치를 보여주었다. 나는 그야말로 습작의 티를 벗지 못하고 있었다. 세 사람 중에서 내것이 가장 치졸했다고 생각된다. 지금 내 수중에 그 때의 자료가 없는 것이 다행이다. 기념은 되겠지만 그때의 내 습작들을 다시 보면 아마 질겁을 하리라.

《로만파》는 이듬해까지 3집을 겨우 내고 폐간되었다. 그동안 비용이며 편집이며 인쇄 등 궂은 일을 조향 혼자서 도맡아 했다. 그만큼 그는 그 일에 성의를 다했고 기대도 했던 모양이지만 그 성의와 기대에 비해서 성과는 극히 미미했다. 나는 동인시지 《로만파》 발간을 계기로 내 자신의 시작 가능성에 대한 반성을 골똘히 하게 되었다.

47년 그 무렵부터 나는 우리의 고전시가를 섭렵하면서 한편 우리의 현대시도 시대순으로 정독을 되풀이했다. 이 무렵에 나는 또 T.S. 엘리어트를 알게 되어 그의 시에 관한 글들을 수집해서 탐독하기도 했다. 그러나 좀처럼 내가 나갈 방향은 잡히지 않았고 나의 개성도 윤곽이 드러나지 않았다. 나는 초조한 나날을 보낼 수밖에 없었다. 그러나 그러는 동안에도 나의 발표욕은 자꾸 부풀기만 하는데 시골에서 발표기관은 없고 해서 답답하기만 했다. 곁에 청마가 계셨지만 시랍시고 쓴 것을 가지고 가서 보이면 여긴 철자가 잘못됐군 하는 정도로 반응을 보일 뿐이다. 나는 나에게 실망을 거듭했다. 그 무렵 서울에서는 《白民》이라고 소설가 김송 씨가 내고 있던 월간문학지가 있었다. 나는 거기에 어떤 연유로 해서 그렇게 되었는지 지금 기억이 잘 나지 않으나 습작품을 몇편 싣게 되었다. 47년의 일이라고 생각된다. 그때는 서정주와 〈靑鹿派〉 三家詩人들의 시에 압도되고 있었을 때다. 그들의 영향이 알게 모르게 유형 무형으로 내 습작품에는 스며 있었으리라고 짐작된다. 나는 제2의 습작기를 그들의 영향하에서 출발했다. 일종의 아류 시기라고 해도 무방하리라. 그런 류의 습작들을 모아서 염치도 없이 자비로 출판한 것이 나의 처녀시집 『구름과 장미』다. 500부 한정판이다. 그것이 48년 여름의 일이다. 같은 해에 청마가 『울릉도』라는 시집을 내고 있다. 그해 연말인가, 그 이듬해의 정월인가, 청마와 나는 서울행을 함께 하게 되었다. 서울의 〈청년문학가협회〉가, 그 중에서도 김동리 씨가 주동이 되어 출판기념회를 성대히 열어주었다. 문단의 대선배들이 자리를 메울 정도로 참석해 주었다. 생각컨대 청마를 위한 출판기념회인데 젊은 신진이 같은 시기에 시집(그것도 처녀시집)을 내고 함께 올라왔으니 제쳐버리면 서운할 것이라는 동리 씨 주변의 배려가 있었지 않았나 싶다. 나는 덤으로 끼이게 된 셈이다. 하여간에 기라성 같은 선배 시인들을 대하고는 나는 시종 주눅이 들어 있었다. 그날밤 이한직 씨가 공초선생을 모시고 청마와 나와 또 다른 몇이와 함께 요정 국일관에서 밤새도록 진탕 술을 마시게 해준 것 또한 그때는 인상 깊었고 지금은 기억에 새롭고 俊才 한직 씨가 시를 못 쓰게 된 채 타계한 것이 못내 안타깝기만 하다.

  49년 연말에 나는 제2시집을 상재할 생각으로 묶어둔 원고뭉치를 들고 서울로 갔다. 미당의 서문을 얻고 싶어서였다. 전차에서 내려 명동 입구를 들어서는데 저만치 비틀거리며 가고 있는 키 작은 중년이 눈에 띈다. 내 예감이 맞았다. 가서 보니 미당이다. 그때 소설을 습작하고 있던 손소희 여사가 경영한 다방(「마돈나」라고 했던가?)에서 미당과 나는 마주보고 앉았다. 그때가 땅거미가 막 질까말까 할 때인데 미당은 벌써 술이 어지간히 몸에 밴 모양이었다. 내가 용건을 말하자 두고 가면 일

후에 서문을 써보내겠다는 대꾸만 하고 고개가 아래로 자꾸 떨어진다. 나는 물러설 수밖에는 없었다. 얼마 뒤에 원고뭉치와 함께 짧은 서문이 우송되어 왔다. 거기(서문)에는 처녀시집『구름과 장미』에서 별로 진전이 없다는 지적이 있었다. 나는 너무 서두르고 있었다고 할 수 있다. 그러나 나는 마산에서(그때 나는 마산중학으로 직장을 옮기고 있었다) 초라한 체재의 제2시집『늪』을 내고야 말았다. 내가 봐도 너무 성급한 짓거리였다. 50년의 일인데 곧 6·25사변이 터졌다. 6·25가 나에게는 또 한 번의 계기가 된 듯하다.

 6·25가 터진 그해 나는 우리 나이로 스물아홉이었다. 부산의 임시수도에서 조향과 다시 접촉을 가지게 되었다. 그러나 조향은 많이 달라져 있었다. 〈後半期同人會〉라는 동인회의 멤버였다. 그 동인회는 이른바 모더니즘을 지향하는 듯했다. 특히 30년대 영국의 뉴컨트리파를 많이 의식하고 있는 듯했다. 그러나 조향만은 보다 쉬르리얼리즘 쪽으로 훨씬 경도되어 있었다. 이미 그때 그는 자기의 직장인 동아대학에서 자기과의 학생들을 모아 쉬르의 연구회를 조직하고 있었던 듯했다. 《가이가》니 《雅屍體》니 하는 연구지 발간을 그때 이미 계획하고 있었다. 그것들은 이땅에서는 드물게 보는 본격적인 쉬르의 연구지라고 할 수 있었다. 나는 그들 〈후반기동인회〉에게서 어떤 신선한 자극을 받은 것은 사실이지만

은근한 가입권유가 있었는데도 나는 나대로의 길을 모색하기로 했다.

실존주의 철학이 그때 일본을 거쳐 상륙해 와서 젊은 층의 호응을 얻게 되었다. 나도 거기 호응해간 청년 중의 한 사람이다. 키에르케고르에 특히 관심을 쏟게 되었고 학생때에 읽은 쉐스토프를 다시 또 읽게 되었다. 그러자 새삼스럽게도 독일(정확하게는 체코슬로바키아)의 시인 라이너 마리아 릴케의 시세계가 연상으로 떠올랐다. 학생때 읽은 릴케의 영향이 이런 모양으로 불쑥 나타나게 되었다. 나는 비로소 아류의 티를 벗고 내 나름의 길이 열리는 듯했다. 그것이 릴케류의 관념시다. 꽃을 소재로 해서 상징주의적 빛깔이 짙은 이데아를 추구하는 시들이 연작으로 10편 정도 쓰여졌다. 이때로부터 나는 선배를 의식하지 않게 되었다. 스스로 습작기를 벗어났다는 시원한 감회를 가지게 되었다. 내 나이 이미 30살을 넘어서고 있었다. 몹시 늦은 각성이다. 50년대의 초다. 이 무렵에 비로소 나는 애착이 가는 시를 생산할 수 있었다.

꽃을 위한 序詩

나는 시방 위험한 짐승이다.
나의 손이 닿으면 너는

미지의 까마득한 어둠이 된다.

존재의 흔들리는 가지 끝에서
너는 이름도 없이 피었다 진다.
눈시울에 젖어드는 이 無名의 어둠에
추억의 한 접시 불을 밝히고
나는 한밤내 운다.

나의 울음은 차츰 아닌밤 돌개바람이 되어
탑을 흔들다가
돌에까지 스미면 金이 될 것이다.

……얼굴을 가린 나의 新婦여,

  이 시를 탈고했을 때 마침 마산에 들른 평계 이정호에게 보였더니 무릎을 탁 쳐주었다. 비로소 자네의 시가 나왔다는 치하의 말을 해주었다. 그러나 끝의 한 행은 너무도 릴케의 수사를 닮고 있어 불안하다는 添言을 잊지 않았다. 시인이 된다는 것이 참 어렵기도 하구나, 하는 것이 그때의 내 감회였다.

자유, 꿈

 자유란 무엇인가? 이반 카라마조프에게 있어서는 하느님이 없다는 그 사실이 곧 자유다. 즉 자유란 하느님으로부터의 자유, 즉 해방이다. 그는 말한다. "하느님이 없으니 뭘 해도 괜찮다."——그래서 그의 시사로 즈메르쟈코프가 殺父를 한다.
 기독교도에게 있어 모든 가치는 하느님으로부터 온다. 하느님이 없다는 것은 가치도 없다는 것이 된다. 즉 허무가 된다. 허무는 그러니까 자유의 다른 이름이다. 허무가 곧 자유라고 할 때 무엇으로부터의 자유, 즉 해방과 무엇에로의 자유, 즉 선택을 동시에 뜻하는 것이 된다. 사르트르 투로 말을 하자면, 선택하면서 자기를 만들어간다는 것이 된다. 만든다는 것은 가치, 즉 자기의 본질을 만든다는 것이 된다. 그 가치, 즉 본질 속에 스스로 구속된다는 것이 된다. 그러니까 논리적으로 자유는 구속에 결국은 연결된다. 인간의 자기모순이다. 이런 따위 모순을 인식하지 못한 역사주의는 글자 그대로 그것은 소박한 낙천주의의 幼兒性에 지나지 않는다. 누군가가 보고 있다는, 그 누군가의 눈을 역사는 잊어서는 안된다.

老子의 자유는 말할 나위도 없이 자연이다. 天地不仁이란 무한한 해방을 뜻한다. 도덕과 문화로부터의 해방이다. 인간에게 있어 이 이상의 해방이 또 있다고 하겠는가?

프로이트의 정신분석학이라는 것도 도덕과 문화로부터의 해방을 일컫는 것처럼 보이지만 실은 도덕 및 문화와 자연과의 갈등이라고 해야 하리라. 프로이트쪽이 노자보다 인간심리의 리얼리티를 정확하게 포착하고 있다. 노자쪽은 보다 관념적이다. 인간은 행인지 불행인지 자연상태를 이미 벗어나 있다. 니체 투로 말을 하자면 신으로 가는 과정에 있다. 그러나 아직 신은 아니다. 그가 人神이라고 말할 때 그것은 하나의 理念이지 현실은 아니다. 인간이 자연으로 되돌아간다는 것은 아이러니컬하게도 인간이 신이 되기 전에는 불가능하다.

시가 무슨 이유로 이렇게 숨막히는 자유를 동경했을까? 인간의 오만 때문인가? 아니면 사태를 지나치게 안이하게 생각한 때문인가? 어느쪽이든간에 어리석다고 할 수밖에는 없다. 인간이 자연, 또는 신이 아닌 이상 자유는 포기해야 한다. 인간이 누릴 수 있는 자유에는 한계가 있다. 한계라는 구속이 있다. 시도 자유(무한한 자유)에 도달하려면 시를 쓰지 말아야 하는 역설에 부닥쳐야 한다.

꿈을 꾸었다.

 아내는 아직 40을 갓 넘긴 나이다. 아내는 뭔가 확실하지는 않은데 몹시 못마땅한 일을 저지르고 말았는 듯하다. 그런 분위기다. 나는 화가 머리끝까지 나 있다. 당장 이혼하겠다고, 당장 이혼계를 내겠다고 아내더러 동사무손가 하는 데에 가서 一體書類(樣式)를 받아오라고 내쫓는다. 내 그런 기세에 어이가 없는 듯 같잖다는 듯 아내는 아무 대꾸도 않고 봄코트의 띠를 여미며 나간다. 아내의 뒷모습이 요염하다. 허리께의 살이 아직도 탄력이 있어 보인다. 알맞게 쪄보인다.
 갑자기 장면이 바뀐다.
 뒤를 봐야 하겠는데 양변기가 있는 그 화장실이 어디 가고 없다. 어느새 그 자리에 양철지붕의 판잣집이 들어서 있다. 문을 여니 재래식의 헛간이다. 일이 급한데 어쩌면 좋아? 얼른 엄두가 서지 않는다.
 장면이 또 한 번 바뀐다.
 신발 한 짝의 밑창이 떨어져나갔다. 비가 멎지 않는다. 발을 떼지 못하고 비를 맞고 섰는데 그때 난데없는 난전이 하나 눈앞에 우뚝 선다. 온갖 잡동사니가 다 있다. 사모

각띠(대) 화관 비녀 참빗 댕기 따위다. 껄껄한 중년 사나이가 한 손에 나막신 한 켤레를 거머쥐고 나온다. 난전 주인이다. 나더러 3천5백 원에 사라고 한다. 그 순간 내 눈에 눈물이 핑 돈다. 나에게 그만한 돈이 없다. 아내와는 이미 이혼해버린 뒤다.

정신분석학의 분석에 따르면 꿈은 현실에서 실현 못한 욕망의 표현이라고 한다. 도덕적 수치심 때문에 현실에서는 실현이 안 되고 꿈에서 대상행위를 통해서 충족된다고 한다. 만약 그런 대상행위를 통한 욕망충족이 꿈에서까지 봉쇄된다면 정신질환은 더욱 늘어나고 인간수명은 더욱 줄어들고 강력범죄는 더욱 창궐하고 더욱 다양해지고 더욱 악랄해지리라고 한다. 이런 따위 진단(분석)은 과학적인 증명을 통한 것이 아니라 일종의 추리로서 정신분석학의 가설에 따라 하는 것이다. 그러니까 어떻게 보면 문학작품과도 흡사한 요소가 없지도 않다. 여기서 내가 가설이라고 한 것은 '꿈은 현실에서 실현 못한 욕망충족'이란 그 대목을 두고 한 말이다. 꿈이 왜 '욕망충족'일까? 물론 그런 경우도 없지는 않겠지만 꿈의 대부분이 그렇다고 어떻게 단정하는가?

정신분석학에 따르면 '욕망충족'의 대부분은 성행위에 관한 것이라고도 한다. 성행위는 문화사회에서는 현실에서 원시적 형태로는 드러낼 수 없다. 억압될 수밖에는 없다. 현실에서는 문화(도덕)의식 및 문화(도덕)감각 때문에 성행위를 부끄럽게 생각하고 은밀하게 숨어서 행하게 된다. 그것을 충족시키려고 하니까 꿈에선들 그것(성행위)이 직선적으로 드러날 수 없다고 한다. 정신분석학은 여기서 교묘한 하나의 트릭을 설정한다. 잠자고 있는 동안에도 의식은 완전히 마비되는 것이 아니라 조금은 살아있다고 한다. 욕망은 그것을 눈치채고 있기 때문에 변장을 하고 나타나게 된다고 한다. 일종의 상징극이 벌어지는 셈이다. 그렇다. 꿈은 성행위의 상징적 표현, 즉 극이라고 한다. 물론 그렇다고 할 수도 있는 경우가 없는 것은 아니지만 꿈의 대부분이 그렇다는 것은 과장된 해석이다. 우리의 현실생활에서의 부끄러움의 감정이 성행위에만 국한해서 나타나는 것은 아니다. 다양하다. 그것들이 모두 꿈에 영상이나 극으로 상징이 되어 나타난다고 해야 하리라. 위에 인용한 내 자신의 꿈이 여실히 그것을 증명해주고 있다.

내 꿈의 첫번째 장면은 인간관계에 있어서의 어떤 상처의 극화라고 할 수 있을 듯하다. 신뢰하고 있던 누군가에게서 배신당했다는 경험이다. 물론 어떤 이해관계에 얽힌 배신도 생각할 수 있지만 보다는 내 순진성을 짓밟아버린 그런 배신, 즉 내가 관심을 가지고 지켜보고 있던 어떤 인물이 뜻밖의 일을 저질렀기 때문에 실망한 일 같은 것 말이다. 인간성 그 자체에 대한 회의를 안겨

주게 된 사건도 있었다. 내 꿈의 첫번째 장면은 그런 內包를 지니고 있다.

내 꿈의 두번째 장면은 생리의 문제인 듯하다. 뱃속이 거북했다든가 해서 배설을 실지로(잠을 자면서도) 억제하기에 겨운 상태까지 이르게 되지 않았던가 싶다. 그 신호다. 일어나서 나는 방뇨를 하고 또 잠이 들었다고 생각된다. 그런데 꿈에서 화장실이 없어지고 헛간이 나타난 것은 내가 현실에서 굴시도 화장실의 환경에 신경을 쓰는 편이라서 그런 모양으로 나타난 것이 아닌가도 한다.

꿈의 마지막 장면은 조금 복잡하다. 간단히 말하면 일종의 열등의식의 또는 자존심을 상하게 된 일의 변장된 극화라고 하겠는데 아리송한 시퀀스들이 나오고 있다. 신발의 밑창이 달아나서 발을 떼지 못하고 비를 맞고 섰는 모습은 안타까움의 표정을 드러내고 있다고 생각된다. 뭔가 뜻대로 잘 되지 않는 상태. 신발을 잃어버리거나 남의 헌신발을 바꿔치기를 당했다든가 해서 혼자 뒤처지는 그런 꿈을 종종 꾼다. 그런 종류의 것이라고 할 수 있을 듯하다.

난전이 난데없이 나타나고 온갖 잡동사니가 다 나오고 마침내 나막신 한 켤레를 들고 난전 주인이 나타난다. 그 껄껄한 중년 사나이는 나를 욕보이기 위해서 나타난 위인이다. 내 의지는 여기서 결정적으로 꺾이게 된다. 3천5백 원에 팔겠다고 하는데 그만한 돈이 나에게 없다. 비는 멎지 않고 있고 아내와 나는 이미 이혼하고 있다. 아내가 나를 도와주리라는 기대는 끊어진 상태다. 나는 그만 거기 주저앉아 울고 싶은 심정이 된다. 내 자존심은 여지없이 꺾인 셈이다.

위에서 설명한 대로 내 꿈은 세 가지 이질의 사건으로 되어 있다. 그러나 그 모두가 내 생활과 생리 및 인격의 반영이다. 이들 중에서 욕망, 그 중에서도 성적 욕망과 닿아 있는 장면은 없다. 나에게는 이런 따위 경험이 얼마든지 있었고 그것들이 내 생리와 내 인격의 숨은 곳에서 나를 부단히 괴롭혀왔다는 것도 나는 잘 알고 있다. 지금도 잊지 못하고 있는 일들이 있다. 가령 예를 들면 다음과 같은 것들이다.

내 나이 일고여덟 살쯤 되었을 때 시골에서 내 나이 또래의 계집애를 누구의 소개로 데리고 왔다. 내 둘째동생을 업어주고 돌봐줄 애다. 얼굴이 새하얗고 가냘프게 생겼다. 눈이 커서 그런지 늘 겁먹은 낯색이다. 나는 그에게 왠지 동정이 가고 힘에 겨운 듯이 동생을 업고 있는 뒷모습을 보면 왠지 미안하기만 했다. 하루는(그때가 여름이다) 뒷청마루에서 바람을 쏘이고 있는데(뒤뜰쪽에는 저만치 축대가 있고 그 위쪽은 대밭이었다. 거기서 시원한 바람이 불어온다.) 그가 동생을 업고 이리로 막

들어서려다가 내 시선과 마주치자 갑자기 놀란 표정이 되어 되돌아서는 것이 아닌가. 나는 그때 나도 모르게 신발도 벗은 채로 뛰어가서 그의 뒤통수를 한 번 쥐어박고 말았다. 그는 앞으로 고꾸라지며 한동안 일어나지 않았다. 등에 업힌 젖먹이(동생)는 부리나케 울어댔다. 그날 나는 선친의 매를 열 대는 맞았으리라. 그런 일이 있은 뒤로 나는 그를 볼 때마다 미안하다. 내 마음은 그런 것이 아닌데 하고 수없이 속으로 빌었다. 이런 일은 평생 잊혀지지 않는다. 내 꿈에 나온 그 난전의 주인이 그의 변장한 모습이 아닐까 하는 생각이 되기도 한다.

보통학교(초등학교) 때의 일이다. 내 반에 나이도 몇 살 더하고 키도 훨씬 크고 덩치도 어른티가 나는 애(애라고 하기가 어색한)가 있었다. 자주 나를 괴롭혔다. 돈을 가져오라고 하고 연필을 뺏아가기도 하고 제 비위에 거슬린다고 뒤꼭지를 쥐어박고 어떤 때는 정강이를 냅다 차이기도 했다. 어느날 공연한 일로 나중(방과후)에 보자고 했다. 조무래기들을 거느리고 나와서 나를 골탕 먹이겠다는 심산이다. 장소는 어디라고 일러준다. 나는 어쩔까 하다가 결국은 피해버리고 말았다. 끝시간을 까먹고 집에 일찍 돌아와버렸다. 가슴이 두근거리고 밤늦도록 잠이 오지 않았다. 다음날 학교에 가야 하나 가지 말아야 하나 하고 나는 불안하고 한편 분하기도 해서 어디 가서 한동안 숨어버렸으면 싶었다. 이런 모양으로 내 자존심은 여지없이 무너져 갔다. 이런 따위도 오래 잊혀지지 않는다. 난전의 그 껄껄한 주인이 또한 그때의 그 녀석의 변장한 모습이 아닐까?

  꿈은 그 상당한 빈도를 이런 따위 加害와 被害, 그것들로 하여 속죄하는 마음과 가위눌린 마음의 극이요 영상이 차지하는 것은 아닐까? 개인뿐 아니라 집단도 그의 무의식 속에는 이런 따위 내용이 그득 담겨 있으리라. 시를 쓴다는 일이 이런 따위와 마주본다는 일이요 동시에 이런 따위를 여과시키는 일이 되기도 한다고는 할 수 없을까? 위에 인용한 내 꿈의 세 가지 이질적 장면들은 이리하여 콜라주 수법으로 된 한 폭의 그림이자 한 편의 시요, 이른바 불연속의 연속이라고도 할 수 있으리라.

김춘수 시인의 약력

●

1922년 경남 충무에서 출생.
경기중학, 일본대학 예술과 창작과에서 수학.
경북대 및 영남대 교수 역임. 국회의원, 한국시인협회
회장 역임. 예술원 회원.
한국시협상, 자유아세아문학상, 경상남도 문학상 수상.
시집 『구름과 장미』 『늪』 『꽃의 素描』 『처용 이후』
『타령조 기타』 『들림, 도스토예프스키』 등 다수가 있음.
시론집 『의미와 무의미』 『시의 표정』 등.
산문집 『빛속의 그늘』 『오지 않는 저녁』
『시인이 되어 나귀를 타고』 등이 있음.

●

의자와 계단
김춘수 시집

●

초판 1쇄 발행일 · 1999년 2월 5일

●

저자 · 김춘수
펴낸이 · 김종해
펴낸곳 · 문학세계사

●

주소 · 서울시 마포구 신수동 345-5(121-110)
전화 · (02)702-1800, 702-7031~3
팩시밀리 · (02)702-0084
출판등록 · 제21-108(1979. 5. 16)

●

값 7,000원

●

ISBN 89-7075-144-0 03810
ⓒ 김춘수, 1999

* 저자와의 협의에 의하여 인지를 생략합니다.